Martina Dannheimer

1 Tag in Berlin –
Martinas Kurztrip in
Deutschlands Hauptstadt

Bibliografische Information der Deutschen Nationalbibliothek:

Die Deutsche Nationalbibliothek verzeichnet diese Publikation in der Deutschen Nationalbibliografie; detaillierte bibliografische Daten sind im Internet über http://dnb.d-nb.de abrufbar.

Impressum:

Lektorat: Caroline Schnitzer, Peter Schmid-Meil

Copyright © 2013 GRIN & Travel

Ein Imprint der GRIN Verlag GmbH

travel.grin.com

Die Lust an Städtereisen	4
Mit der Straßenbahn zum Hotel	5
Die Berliner Straßenbahn ist keine Tram	5
Was erwartet einen wohl in einem Hotelzimmer mit Schlüssel?	5
Berliner Dom, Schlossbrücke, Brandenburger Tor. Fotomotive in Hülle und Fülle	6
Der Berliner Dom	6
Die Schlossbrücke mit ihren acht Skulpturen	7
Das Brandenburger Tor als autofreie Zone	7
Die Straße des 17. Juni – der endlose Marsch Richtung Siegessäule	9
Der Reichstag – dieses Mal nur von außen	9
Die Siegessäule – majestätisch und erhaben	9
Der Tiergarten – ganz ohne Tiere	10
Der Potsdamer Platz – Schluss mit dem Naturerlebnis	10
Checkpoint Charlie und Mauermuseum – im Gedenken an die DDR	12
Checkpoint Charlie	12
Mauerreste und Mauermuseum	12
Kult und Kulinarisches	14
Schlosspark und Schlossgarten Charlottenburg	14
Kult-Stadtteil Prenzlauer Berg	15
Kaufrausch	17
Shopping am Kurfürstendamm	17
Weitershoppen in den Hackeschen Höfen	18
Mein Fazit	19
Links zu Berlin	20
Bildnachweis	21

Die Lust an Städtereisen

„Nicht nur lange Reisen machen Spaß" ist das Motto, nach dem ich lebe und meine Reiselust stille. Mit meinen Berichten „1 Tag in ..." möchte ich zu Kurztrips inspirieren, aufzeigen, was man alles an einem Tag erleben kann oder einfach nur unterhalten. Hier gibt es jede Menge Tipps und Karten zum Nachmachen für alle, die wenig Zeit zum Reisen haben oder deren Geldbeutel – wie meiner – nicht endlos gefüllt ist.

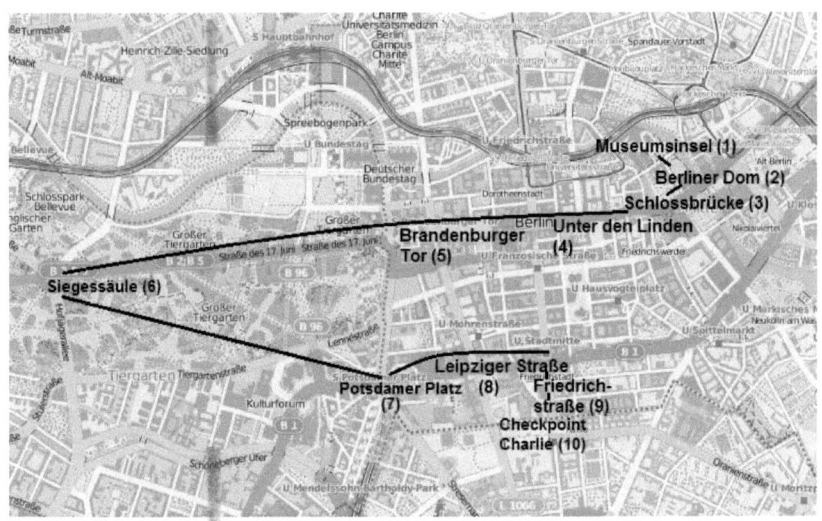

Berlin-Route Teil 1. Quelle: OpenStreetMap und Mitwirkende, CC BY-SA

Mit der Straßenbahn zum Hotel

Die Berliner Straßenbahn ist keine Tram

„Is jut, Frollein", raunzte der Busfahrer und würdigte mich keines Blickes. Dabei wollte ich doch nur danke dafür sagen, dass er mir die Türe zwar vor der Nase zugeknallt, sie jedoch zerknirscht wieder geöffnet hatte. Ihn schien es allerdings nicht sonderlich zu interessieren, dass ich schnaufend meinen zentnerschweren Koffer in die Linie 128 hievte. Manches ist eben an allen Orten dieser Erde gleich: Launische Busfahrer und Sprints zu öffentlichen Verkehrsmitteln gehören auf jeden Fall dazu – samt Übergepäck versteht sich.

Die Vorfreude auf meinen Hauptstadtbesuch war groß, allerdings musste ich ihn mir erst einmal sauer verdienen. Nach einer 20-minütigen Busfahrt stand ich mit heruntergeklappter Kinnlade an der Straßenbahn. Nein, liebe Berliner, ich nenne sie nie wieder Tram. Das habe ich mir einmal erlaubt und fühlte mich nach einem entgeisterten *„bitte was?"* wie ein Neandertaler bei seinem ersten Besuch in der Zivilisation. Jedenfalls sagte mir die Anzeigetafel, dass die STRASSENBAHN erst in 40 Minuten kommen würde. Aber nach nur fünf Minuten und bevor mein Blutdruck in den Bereich mittelschwerer Hypertonie stieg, tuckerte das Schienenfahrzeug schließlich herbei. *„Netter Scherz der Berliner Verkehrsgesellschaft"*, murmelte ich vor mich hin.

Was erwartet einen wohl in einem Hotelzimmer mit Schlüssel?

Rund 80 Minuten nach meiner Landung in Tegel stand ich endlich an der Rezeption meines Hotels, das sich im, nennen wir es mal ländlicheren Berlin, sprich in Pankow, befand. Vielleicht war das auch der Grund, weshalb ich einen Zimmerschlüssel bekam, einen echten Schlüssel. Das hatte es bei keinem meiner letzten 38 Hotelbesuche gegeben. Ich sehnte mich nach der gewohnten Chipkarte und überlegte kurz, ob ich mich spontan für eine andere Herberge entscheiden sollte. Wer wusste schon, was sich in einem Zimmer mit SCHLÜSSEL verbarg. Aber ich wollte mich nicht so anstellen und konnte mich mit meiner Behausung schließlich sogar anfreunden. Eigentlich war es eh egal, schließlich war ich nicht zum Schlafen in der Hauptstadt.

Berliner Dom, Schlossbrücke, Brandenburger Tor. Fotomotive in Hülle und Fülle

Der Berliner Dom

Nach weiteren Straßenbahn-, S- und U-Bahn-Fahrten – wer in der Provinz wohnt, muss Gefallen am Umsteigen finden – stand ich schließlich in der Nähe des Brandenburger Tors. Dachte ich zumindest. Beim Blick auf meinen Stadtplan stellte ich jedoch nach einigen Orientierungsschwierigkeiten fest, dass ich eine Haltestelle zu früh ausgestiegen war. Das machte aber nichts, denn wie ich auf meinem rund zwei Quadratmeter großen Papierstück erkennen konnte, lag die Museumsinsel (1) direkt auf meinem geplanten Spazierweg gen Brandenburger Tor – wer hat sich das mit den faltbaren Stadtplänen bloß ausgedacht?

Hurtig marschierte ich ausnahmsweise gleich in die richtige Richtung und knipste wie ein Weltmeister drauflos. Der Berliner Dom (2) sowie der Berliner Lustgarten zogen mich mit ihrer Schönheit derart in ihren Bann, dass ich sie unbedingt festhalten wollte.

Entspannen vor der Kulisse des Berliner Doms

Die Schlossbrücke mit ihren acht Skulpturen

Der Fernsehturm, der als Hintergrundkulisse des Doms in den Berliner Himmel ragt, machte sich auf meinen Bildern ebenfalls recht gut. Nach meinem 20-minütigen Fotoshooting hatte sich die Akkulaufzeit von Frau Kolumna (meiner Kamera) um einen Balken reduziert, und ich beschloss, meinen Weg fortzusetzen. Ich spazierte über die Schlossbrücke (3) und bewunderte die acht Skulpturen, von Nike, Athena und Iris.

Das Brandenburger Tor als autofreie Zone

Von der Schlossbrücke über den Prachtboulevard „Unter den Linden" (4) ging es nun schnurstracks zum Brandenburger Tor (5). Es war zwar schon ein Weilchen her, dass hier die Grenze zwischen West und Ost verlief, dennoch hielt ich einen Moment inne und dachte an diese Zeit. Allzu viele Emotionen konnten allerdings nicht aufkommen, dafür war einfach zu viel Rummel auf dem Pariser Platz davor. Ein paar Künstler, Lebenskünstler, Polizisten und vor allem jede Menge Touristen tummelten sich dort. Autos musste ich allerdings in unmittelbarer Nähe nicht fürchten, das Brandenburger Tor darf ausschließlich zu Fuß durchschritten werden. Darf – und muss.

Autofreie Zone: das Brandenburger Tor

Lebenskünstler, Polizisten und vor allem Touristen en masse: der Pariser Platz

Die Straße des 17. Juni – der endlose Marsch Richtung Siegessäule

Der Reichstag – dieses Mal nur von außen

Während ich also durch das traditionsträchtige Tor stolzierte, hatte ich rechter Hand schon fast die nächste Sehenswürdigkeit vor der Linse: den Reichstag. Nettes Plätzchen, das unsere Bundeskanzlerin samt Konsorten als ihren Arbeitsort bezeichnen darf. Lange hielt ich mich dort jedoch nicht auf. Eine Führung stand zwar auf meinem imaginären Programm, aber ich würde Berlin sicher auch mal bei schlechtem Wetter besuchen. Informiert hatte ich mich dennoch schon: Eine 90-minütige Führung kostet nichts, es bedarf allerdings einer vorherigen schriftlichen Anmeldung. Ich investierte meine Zeit an diesem Tag lieber ins Verspeisen einer XXL-Portion Eis.

Die Siegessäule – majestätisch und erhaben

Allerdings nahm ich mir erst noch die Visite der Siegessäule (6) vor, bevor ich den kühlenden Gaumenfreuden frönte. Der Marsch auf der Straße des 17. Juni, die ihren Namen zum Gedenken an den Aufstand der DDR-Bürger im Jahre 1953 trägt, erwies sich als länger als vermutet. Als ich nach gefühlten zwei Stunden Fußmarsch vor dem 66,89 Meter hohen Bauwerk stand, bereute ich meine körperlichen Strapazen aber keineswegs. Die Siegessäule samt Goldelse, wie die Berliner die vergoldete Victoria auf der Spitze nennen, ist wirklich beeindruckend. Ihr majestätischer, erhabener Charme verkörpert auf jeden Fall den Grund ihrer Entstehung. So wurde die Siegessäule anlässlich des preußischen Sieges im Krieg zwischen Deutschland und Dänemark errichtet. So, nun genug gestaunt. Mein Eishunger wollte gestillt werden.

Zum Gedenken an den Erfolg von Preußen im Krieg zwischen Deutschland und Dänemark errichtet – die Siegessäule.

Der Tiergarten – ganz ohne Tiere

Daher schlenderte ich zurück in Richtung Brandenburger Tor, variierte meine Route jedoch etwas und durchstreifte den Tiergarten. Wer dort wie ich wilde Tiger und drollige Elefanten erwartet, wird jedoch enttäuscht, denn der Tiergarten ist ein Park. Nicht wirklich vergleichbar mit dem Englischen Garten in München, dem Hyde Park in London oder dem Central Park in New York, aber zumindest so in etwa. Ein Besuch lohnt sich bei schönem Wetter allemal, um ein bisschen auszuspannen, die zahlreichen Denkmäler oder einfach nur Fauna und Flora zu betrachten. Der Tiergarten ist Kurfürst Friedrich III. zu verdanken, der ihn im 17. Jahrhundert als Lustgarten für die Bevölkerung erbauen ließ.

Der Potsdamer Platz – Schluss mit dem Naturerlebnis

Das Naturerlebnis findet spätestens am Postdamer Platz (7) ein jähes Ende. Dort angekommen, stach mir sofort das riesige Sony Center ins Auge. Weil mir selbstverständlich bloßes Schauen nicht reichte, stand ich Sekunden später im Inneren des imposanten Kuppelbaus. Im Juni 2000 öffnete das Sony Center mit seinen insgesamt sieben Gebäuden zum ersten Mal seine Pforten. Mittlerweile beherbergt das hochmoderne Bauwerk zahlreiche Geschäfte, Restaurants, Wohnungen, das [Legoland Discovery Centre](#) und das Filmhaus.

Nun war es jetzt aber wirklich höchste Eiszeit für mich, und endlich stand ich mit Pistazie, Zitrone, Cookie und einem breiten Grinsen unter der strahlenden Berliner Sonne.

Altmodische Schilder und moderne Bauten am Potsdamer Platz

Checkpoint Charlie und Mauermuseum – im Gedenken an die DDR

Checkpoint Charlie

Gestärkt setzte ich auf der Leipziger Straße (8) und der Friedrichstraße (9) mein Sightseeing fort. Meine nächste Station hieß Checkpoint Charlie (10), der einstige militärische Kontrollpunkt. Den ehemaligen Grenzübergang zwischen Ost- und West-Berlin empfand ich als einen unglaublich bewegenden Ort, an dem sich ein großes und trauriges Kapitel in der Historie Berlins abspielte. Etwa die zahlreichen Fluchtversuche, häufig mit tödlichem Ausgang oder der Austausch von Agenten und Gefangenen. Mich überkam ein Gefühl von Gänsehaut. Zudem war es mittlerweile bitterkalt, und ich hoffte inständig, dass ich bald fotografiertaugliche Handschuhe finden würde. An diesem Tag musste ich noch mit meinen vereisten Fingern klarkommen.

Mauerreste und Mauermuseum

Am südlichen Ende der Friedrichstraße knipste ich trotz der Kälte wie wild die bemalten Mauerreste. Wenn deren Geschichte eine andere wäre, könnte man sich richtig an den Graffiti-Kunstwerken auf denselben erfreuen. Ich wechselte die Straßenseite und betrat die Open Air Ausstellung [Checkpoint Gallery](), wo ich interessiert, teils sogar schockiert, die Tafeln, Bilder und Geschichten der DDR-Flüchtlinge studierte. Danach besuchte ich noch kurz das [Mauermuseum](), bevor ich Richtung Gendarmenmarkt weiterging.

Frieren am Checkpoint Charlie

Bunt bemalte Mauerstücke im Freedom Park am Checkpoint Charlie

Kult und Kulinarisches

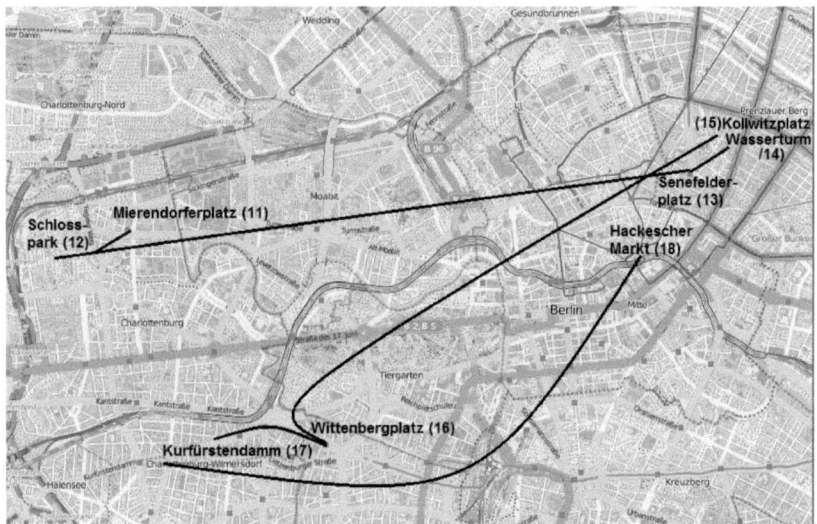

Berlin-Route Teil 2. Quelle: OpenStreetMap und Mitwirkende, CC BY-SA

Schlosspark und Schlossgarten Charlottenburg

Manchmal ist U-Bahnfahren ein richtiges Erholungsprogramm: Ich rase bei meinen Städte-Trips meist wie wild durch die Gegend, und ein kleines Sitzpäuschen tut da ganz gut. So ließ ich mich also bequem und unterirdisch gen Charlottenburg kutschieren. An der Haltestelle Mierendorffplatz (11) erblickte ich wieder das Licht der Hauptstadt und stand wenig später an der Spree und im Schlosspark Charlottenburg (12). Hach, ich wusste gar nicht, wohin ich als Erstes schauen sollte.

Frau Kolumna, meine Kamera, war zum Glück in Bestform und meisterte ihre Schwerstarbeit bravourös. Ich flanierte durch den Schlossgarten, der als französischer Barockgarten errichtet und 1788 in einen englischen Landschaftsgarten umgewandelt wurde. Echte Hingucker sind die vielen Skulpturen und das Mausoleum, der Form nach einem dorischen Tempel nachempfunden. Zudem geriet ich als Wasserliebhaber bei dem kleinen See und dem achteckigen Brunnen samt Wasserfontäne ins Schwärmen. Aber irgendwann stellte ich fest, dass ich nicht bloß von Eis, Luft und Landschaftsliebe leben konnte, und beschloss, mir etwas Essbares zu gönnen.

Schloss Charlottenburg lädt zum Träumen und Fotografieren ein.

Kult-Stadtteil Prenzlauer Berg

Also ging es wieder ab in den Untergrund, den ich am Senefelderplatz (13) wieder verließ. Bei keiner meiner Berlin-Visiten hatte ich es bislang geschafft, den Kult-Stadtteil Prenzlauer Berg zu besuchen. Aber heute war es soweit: Ich lief drauflos und erspürte die Atmosphäre. Ein Café nach dem anderen lud zum Essen ein, nur meine „Entscheidungsunfreudigkeit" stand der erfolgreichen Nahrungsaufnahme im Weg. Der Hunger siegte aber und ich ließ mir ein leckeres Sandwich samt Milchkaffee schmecken. Die Preise in Berlin förderten meinen Appetit umso mehr.

Mir ist es immer wieder ein Rätsel, dass in einer solchen Mega-Stadt wie dieser die Preise und Mieten wesentlich niedriger sind als beispielsweise in Hamburg oder München. Das war an diesem Tag optimal für meinen Geldbeutel, jedoch schlecht für meine Hüften.

Aber gut, ich wollte ja noch ein paar Kilometer laufen. Etwa vorbei am Wasserturm (14), der bis 1952 in Betrieb war und heute als Wohnhaus dient, über die Knaackstraße, bis hin zum Kollwitzplatz (15). Immer wieder blieb ich stehen und bewunderte die Fassaden der herrlichen alten Häuser.

Kult-Stadtteil Prenzlauer Berg

Kaufrausch

Shopping am Kurfürstendamm

Der Tag neigte sich seinem Ende zu und ich musste dringend noch shoppen. „Ku'damm" (17) schrie mein weibliches Gehirn reflexartig. *„Ich komme"*, brüllte ich inbrünstig zurück und saß sogleich in der U2. Selbige verließ ich kurz darauf am Wittenbergplatz (16) und befand mich, hach, in meinem Element. Das Kaufhaus des Westens und viele weitere Geschäfte reihten sich aneinander. Dazwischen Nobel- und Budgethotels, Restaurants und Coffee-Shops. Und natürlich Touristen, Gaukler, Bettler, Autos, einfach alles, was zu einer richtigen Großstadt gehört.

Kaufhaus des Westens – das KaDeWe

Für mich ergab sich sogleich ein schwerwiegendes Shopping-Problem. Sollte ich mir die neue Sommerkollektion eines bezahlbaren Modeimperiums antun oder eher die paar wenigen Stores auskundschaften, die Einzelstücke zu verkaufen schienen? Ich entschied mich für einen Taschenladen, der mich aufgrund seiner „Alles muss raus – nur noch für kurze Zeit"-Tafel schier zum

Eintreten zwang. Dabei war mir ehrlich gesagt durchaus bewusst, dass der „Ausverkauf" dort wohl das ganze Jahr stattfand. Aber die Vernunft hatte bereits Feierabend, und ich verließ 55 Minuten später das Geschäft mit einer fliederfarbenen Handtasche in Übergröße. So eine brauchte ich dringend!

Shopping bis zum Umfallen: der Berliner Ku'damm

Weitershoppen in den Hackeschen Höfen

Bei meinem Blick auf die Uhr verspürte ich eine drängende Zeitnot. Der Ladenschluss nahte und ich wollte noch zu den Hackeschen Höfen (18), dem seit 1972 unter Denkmalschutz stehenden größten Hofareal des Landes. Da ich meine Pläne immer konsequent umsetze, kam ich dort auch kurz vor Ladenschluss an und versuchte, noch ein weiteres Schnäppchen zu erhaschen. Allerdings fehlten mir dafür mittlerweile leider zwei entscheidende Dinge: Energie und ausreichend Zeit. Deshalb fand ich mich mit einer dritten Alternative ab: dem Schlüssel zum (Erholungs-)Glück, alias mein Hotelzimmer.

Mein Fazit

Berlin finde ich schon alleine wegen des Dialekts toll. Doch die Hauptstadt punktet mit viel mehr: Eine bewegende Geschichte und Sehenswürdigkeiten au masse, Shoppingmeilen und ein grandioser Mix aus Internationalität, Moderne, Multikultur und Lässigkeit. Berlin ist auf jeden Fall eine Stadt, die man nicht in einem Tag erkunden kann und am besten immer wieder besucht.

Meine Bewertung:

Sightseeing:

Verkehrsmittel:

Essen & Trinken:

Shopping:

Links zu Berlin

Museumsinsel Berlin: http://www.museumsinsel-berlin.de/home/

Berliner Dom: http://www.berlinerdom.de/

Berliner Lustgarten: http://www.berlin.de/orte/sehenswuerdigkeiten/lustgarten/

Schlossbrücke: http://www.berlin.de/orte/sehenswuerdigkeiten/schlossbruecke/

Unter den Linden: http://www.berlin.de/orte/sehenswuerdigkeiten/unter-den-linden/

Brandenburger Tor: http://www.berlin.de/orte/sehenswuerdigkeiten/brandenburger-tor/

Reichstag: http://www.berlin.de/orte/sehenswuerdigkeiten/reichstag/

Siegessäule: http://www.berlin.de/orte/sehenswuerdigkeiten/siegessaeule/

Tiergarten: http://www.berlin.de/orte/sehenswuerdigkeiten/tiergarten/

Sony-Center: http://www.sonycenter.de/

Legoland Discovery Centre: http://www.legolanddiscoverycentre.de/berlin/

Checkpoint Gallery: http://www.bfgg.de/zentrum-kalter-krieg/checkpoint-gallery.html

Mauermuseum: http://www.mauermuseum.de/

Schlosspark Charlottenburg: http://www.berlin.de/ba-charlottenburg-wilmersdorf/org/gruenflaechen/gruenanlagen/schlossgarten-charlottenburg-index.html

Prenzlauer Berg: http://www.prenzlauerberg.de/

Kurfürstendamm: http://www.berlin.de/orte/sehenswuerdigkeiten/kurfuerstendamm/

Kaufhaus des Westens: http://www.kadewe.de/

Hackesche Höfe: http://www.hackesche-hoefe.com/

Bildnachweis

Alle Bilder innerhalb dieses Buches stammen von:

- Martina Dannheimer
- OpenStreetMap und Mitwirkende, CC BY-SA
- jara3000: http://www.shutterstock.com/pic-132687290/stock-vector-high-heel-shoes-silhouette.html?src=csl_recent_image-1